上海市工程建设规范

行道树栽植与养护技术标准

Technical standard for transplanting and maintenance of street tree

DG/TJ 08—2105—2022
J 16525—2022

主编单位：上海市绿化管理指导站
批准部门：上海市住房和城乡建设管理委员会
施行日期：2022 年 12 月 1 日

同济大学出版社

2023　上海

图书在版编目(CIP)数据

行道树栽植与养护技术标准/上海市绿化管理指导站主编.—上海：同济大学出版社，2023.8
ISBN 978-7-5765-0813-0

Ⅰ.①行… Ⅱ.①上… Ⅲ.①道路绿化-保养-技术标准-上海　Ⅳ.①U418.9-65

中国国家版本馆 CIP 数据核字(2023)第 053492 号

行道树栽植与养护技术标准

上海市绿化管理指导站　主编

责任编辑	朱　勇
责任校对	徐春莲
封面设计	陈益平

出版发行　同济大学出版社　www.tongjipress.com.cn
　　　　　(地址：上海市四平路1239号　邮编：200092　电话：021-65985622)

经　　销	全国各地新华书店
印　　刷	浦江求真印务有限公司
开　　本	889mm×1194mm　1/32
印　　张	2.25
字　　数	60 000
版　　次	2023年8月第1版
印　　次	2023年11月第2次印刷
书　　号	ISBN 978-7-5765-0813-0
定　　价	25.00元

本书若有印装质量问题，请向本社发行部调换　　版权所有　侵权必究

上海市住房和城乡建设管理委员会文件

沪建标定〔2022〕367号

上海市住房和城乡建设管理委员会
关于批准《行道树栽植与养护技术标准》
为上海市工程建设规范的通知

各有关单位：

由上海市绿化管理指导站主编的《行道树栽植与养护技术标准》，经我委审核，现批准为上海市工程建设规范，统一编号为DG/TJ 08—2105—2022，自2022年12月1日起实施。原《行道树养护技术规程》DG/TJ 08—2105—2012和《行道树栽植技术规程》DG/TJ 08—53—2016同时废止。

本标准由上海市住房和城乡建设管理委员会负责管理，上海市绿化管理指导站负责解释。

上海市住房和城乡建设管理委员会
2022年8月8日

前 言

根据上海市住房和城乡建设管理委员会《关于印发〈2019年上海市工程建设规范、建筑标准设计编制计划〉的通知》（沪建标定〔2018〕753号）的要求，由上海市绿化管理指导站会同上海市道路运输事业发展中心等相关单位经深入的调查研究，认真总结近年行道树栽植、养护管理的实践经验和国内外科研成果，并在广泛征求意见的基础上，整合了《行道树养护技术规程》DG/TJ 08—2105—2012和《行道树栽植技术规程》DG/TJ 08—53—2016的内容，完成了本标准的编制。

本标准的主要内容包括：总则；术语；基本规定；栽植设计；栽植；养护；防灾抢险；材料归档。

本标准修订的主要内容包括：①对标准名称更换；②对术语进行精简、补充和完善；③基本规定整理合并了原标准的规定；④新增栽植设计章节；⑤栽植章节进行了完善与补充，新增了配方土的使用范围；⑥对养护内容进行调整，对修剪方法进行调整，对病虫害防治进行补充；⑦对附录A进行精简、补充、完善，新增附录C、D、E，删除了原标准的2个附录。

各单位及相关人员在执行本标准过程中，如有任何意见和建议，请及时反馈至上海市绿化和市容管理局（地址：上海市胶州路768号科技信息处；邮编：200040；电话：021-52567788转7168；E-mial：trx@lhsr.sh.gov.cn），上海市绿化管理指导站（地址：上海市建国西路156号；邮编：200020；电话：021-54661760；E-mail：gardentech@163.com），或上海市建筑建材业市场管理总站（地址：上海市小木桥路683号；邮编：200032；E-mail：shgcbz@163.com），以供修订时参考。

主 编 单 位：上海市绿化管理指导站
参 编 单 位：上海市道路运输事业发展中心
上海市普陀区绿化建设管理中心
上海市静安区绿化管理中心
上海市闵行区绿化园林管理所
上海市杨浦区绿化管理事务中心
主要起草人：杨瑞卿　梁　晶　奉树成　施凯峰　朱春玲
严　巍　苗　苗　许晓波　陈　峰　周玲琴
张守锋　涂广平　张　毅　裴　蓓　周丽娜
钱　军　王玉清　黎　辉　王荣高　王本耀
李苏豪　罗雨薇　佘燕屏　宫明军　高国荣
吴凌峰　冯智俊　蓝明星　李智华　朱　锋
龙　娇　高　华　王　昀　刘　娟　杨　超
主要审查人：傅徽楠　张春英　江　铭　张　琼　黄彩娣
王　瑛　丁宏伟

上海市建筑建材业市场管理总站

目次

1 总则 ·· 1
2 术语 ·· 2
3 基本规定 ··· 4
　3.1 树种选择 ·· 4
　3.2 苗木质量 ·· 4
　3.3 作业要求 ·· 5
　3.4 管理要求 ·· 6
4 栽植设计 ··· 7
　4.1 设计原则 ·· 7
　4.2 设计要求 ·· 7
5 栽植 ··· 10
　5.1 栽植要求 ··· 10
　5.2 栽植方法 ··· 10
　5.3 特殊栽植 ··· 12
6 养护 ··· 14
　6.1 灌溉 ··· 14
　6.2 排水 ··· 14
　6.3 施肥 ··· 15
　6.4 修剪 ··· 15
　6.5 病虫害防治 ·· 18
　6.6 树穴维护 ··· 19
　6.7 竖桩和绑扎 ·· 19
　6.8 树洞修补和创面保护 ·· 20
　6.9 扶正 ··· 21

6.10 补　植	…………………………………………	22
6.11 复　壮	…………………………………………	22
6.12 更　新	…………………………………………	23
7 防灾抢险	……………………………………………	24
7.1 防汛防台	…………………………………………	24
7.2 防　寒	…………………………………………	24
7.3 防　雪	…………………………………………	25
8 材料归档	……………………………………………	26
8.1 档案内容	…………………………………………	26
8.2 档案管理	…………………………………………	26
附录 A 常见行道树应用要求	……………………………	27
附录 B 行道树养护常用工具、材料和机械	…………	30
附录 C 行道树养护月历表	………………………………	32
附录 D 常见行道树主要病虫害名录及防治方法	…	33
附录 E 防汛防台物资储备表	……………………………	34
本标准用词说明	………………………………………………	36
引用标准目录	…………………………………………………	37
条文说明	………………………………………………………	39

Contents

1 General provisions ·· 1
2 Terms ··· 2
3 Basic requirements ··· 4
   3.1 Requirements for tree species ························· 4
   3.2 Seedling quality ·· 4
   3.3 Requirements of operation ····························· 5
   3.4 Requirements of management ························ 6
4 Transplanting design ·· 7
   4.1 Design principles ·· 7
   4.2 Design requirements ····································· 7
5 Transplanting ·· 10
   5.1 Transplanting requirements ··························· 10
   5.2 Transplanting method ·································· 10
   5.3 Special transplanting ··································· 12
6 Maintenance ··· 14
   6.1 Watering ·· 14
   6.2 Draining ·· 14
   6.3 Fertilizing ·· 15
   6.4 Pruning ··· 15
   6.5 Pest prevention and controlling ······················ 18
   6.6 Planting cave ·· 19
   6.7 Staking and banding ···································· 19
   6.8 Tree hole amending and protection ················ 20
   6.9 Erecting ·· 21

6.10	Supplemental planting	22
6.11	Rejuvenation	22
6.12	Renewal	23
7	Disaster prevention and rescuing	24
7.1	Against flood and typhoon	24
7.2	Preventing low temperature calamity	24
7.3	Preventing snow calamity	25
8	File management	26
8.1	File contents	26
8.2	File management	26
Appendix A	Application requirements of common street trees	27
Appendix B	Tools, materials and machines needed by street tree maintenance	30
Appendix C	Maintenance calendar of street trees	32
Appendix D	Monthly calendar for pest control of main street trees	33
Appendix E	Material reserve requirements for flood and typhoon prevention	34
Explanation of wording in this standard		36
List of standard reference		37
Explanation of provisions		39

1 总　则

1.0.1 为规范行道树的栽植和养护作业行为,提高行道树的栽植养护作业技术水平,使行道树的栽植和养护工作进一步科学化、规范化,特制定本标准。

1.0.2 本标准适用于本市城镇道路的行道树栽植和养护工程。公路、铁路、河道、公园、单位、居住区等行道树的栽植和养护在技术条件相同或相似的情况下,也可按本标准执行。

1.0.3 本市行道树栽植和养护管理除应执行本标准外,尚应符合国家、行业和本市现行有关标准的规定。

2 术 语

2.0.1 行道树　street tree
指为了美化、遮阴、防护和生态等目的，在道路旁成排成行栽植的乔木。

2.0.2 小树　small-sized tree
胸径在 8 cm 至 15 cm（含 15 cm）之间的树木。

2.0.3 中树　medium-sized tree
胸径在 15 cm 至 25 cm（含 25 cm）之间的树木。

2.0.4 大树　large-sized tree
胸径在 25 cm 至 40 cm（含 40 cm）之间的树木。

2.0.5 特大树　extra large-sized tree
胸径在 40 cm 以上的树木。

2.0.6 配方土　formula soil
将原土、黏土、营养基质（营养土）、水凝胶、保水剂与特定粒径的骨料按一定的比例混合，能够满足人行道、非机动车道、广场抗压强度、透水、透气要求，为树木根系生长提供良好空间的人工土壤。

2.0.7 剥芽　disbudding
剥除尚未木质化的多余嫩芽。

2.0.8 护树桩　pile for protecting tree
在行道树一侧或多侧设立起固定、支撑和保护功能的支撑物。

2.0.9 吊桩　invalidation binding
因护树桩和绑扎物维护更新不及时，造成护树桩的支撑作用减弱或丧失，表现为护树桩相对于树干呈悬挂或下坠的状态。

2.0.10 伤流 bleeding

树木因修剪或受其他创伤，伤口流出大量树液的现象。

2.0.11 徒长枝 spindly growth branches

生长过于旺盛发育不充实的枝条，表现直立、节间长、叶片大而薄、枝上的芽不饱满、停止生长晚。

2.0.12 营养枝 foliage branches

不形成花果、生长健壮、储存营养物质较多的枝条。

2.0.13 踏脚枝 shinned branches

在进行树木冠型管理或维护时用于辅助人工攀爬的枝条。

2.0.14 净空高度 clearance height

树冠下部枝条最低点距离路面的垂直距离，又叫枝下高度。

2.0.15 分枝点高 height for branching-point

树木主干第一分支点到路面的垂直距离。

2.0.16 树穴 planting cave

行道树栽植的地下空间，一般特指单株行道树栽植所预留的种植穴。

2.0.17 树穴盖板 covering plate

覆盖于树穴表面范围内的硬质铺装。

2.0.18 连接带 connective band

特指行道树连接带，指连接树与树之间的条形绿化带。

3 基本规定

3.1 树种选择

3.1.1 树种应满足道路功能、适应环境要求,以乡土树种为主,可适当选用外来已驯化成功的树种。具体要求按照本标准附录A执行。

3.1.2 树种宜选择冠幅大、枝叶密、树干直、分枝高、形态美,具有较好的遮阴效果的乔木。

3.1.3 行道树习性要求抗性较强,对环境友好,容易养护,生长稳定的树种。

3.2 苗木质量

3.2.1 苗木应符合检疫要求,严禁使用带有明显病虫害的苗木。

3.2.2 苗木的土球横径应为苗木胸径的6倍~8倍,纵径应为横径的2/3;裸根苗木根系水平有效根幅应为苗木胸径的6倍~8倍,垂直有效根幅应为苗木胸径的4倍~6倍。

3.2.3 苗木胸径应不小于8 cm,以15 cm~20 cm为宜,不宜种植大树及特大树。

3.2.4 落叶树的苗木应具有两级分叉,分枝点高应不小于3.2 m,一级分枝长度应在30 cm~60 cm范围内,且角度分布均匀合理;常绿树的苗木应基本保持树冠原有形态,分枝点高应不小于2.8 m,且蓬径在2 m以上。

3.3 作业要求

3.3.1 城市建设综合工程中的行道树栽植,应在地下管线、道路、综合杆箱、城市家具等主体工程基本完成后进行。

3.3.2 作业人员应符合下列规定:

1 上树作业人员必须持证上岗,且年龄在45周岁以下,身体健康。

2 登高作业人员必须穿戴好工作服、软底防滑工作鞋、安全帽,系好安全带,佩带好工具袋及必备的工具。

3 地面作业人员应穿好反光工作衣,戴好安全帽。

3.3.3 作业现场应符合下列规定:

1 集中登高修剪、剥芽作业前应与环卫、交警、电力等相关部门联系,设现场告示牌;在车行道上作业时,应注意避让交通高峰时间。

2 登高作业时必须用安全警示线(绳)设置安全作业区域,设置警示牌,现场作业的机械、车辆和大型设备应停放在安全区域内,并按规范开启警示灯;修剪直径大于 10 cm 且长度大于 80 cm 的枝条时,应在地面作业人员配合下分段截断。

3 行道树栽植与养护作业应文明施工,作业区域应工完场清,扬尘控制应符合现行上海市工程建设规范《文明施工标准》DG/TJ 08—2102 的要求。

4 不宜夜晚登高作业;不得在雨雪、大风、大雾、冰冻、极端高温等恶劣天气上树作业(应急、抢险除外)。

5 严禁在树上发生嬉笑打闹、吸烟、使用手机等行为,严禁酒后上树作业,严禁疲劳作业,严禁两人及以上同时在同一树上的同一方位上作业。

6 倡导机械化作业,树枝等绿化废弃物应资源化利用。

3.3.4 养护常用工具可按本标准附录 B 执行。

3.4 管理要求

3.4.1 行道树作业前应进行安全教育和技术交底。

3.4.2 应根据行道树养护要求、作业环境制定行道树养护计划,针对行道树冬修、剥芽、有害生物防控、防汛防台等专项工作制定详细的技术方案,并按本标准附录C执行。

3.4.3 应对行道树养护工作进行巡查,包括日常巡查和专项巡查。日常巡查内容包括行道树长势、树冠、树干、树穴、有害生物、树体受外因侵害等情况;专项巡查内容包括冬修、剥芽、防汛防台等。

3.4.4 防灾抢险应坚持"以防为主、综合抢险"的方针,遇到险情,应坚持"先排障、后处理、先主后次、先外后内"的原则。

3.4.5 险情发生时,抢险人员必须及时到达现场,拉好警戒线;遇电线、燃气等问题,必须先同相关部门联系。应先清除障碍,再处理倒伏树木,进行修剪、扶正、绑扎加固等工作。

4 栽植设计

4.1 设计原则

4.1.1 树种选择应根据道路特点结合树种形态、色彩、规格、季相变化的不同进行配置,并与周边环境、历史人文风貌相协调。

4.1.2 行道树栽植形式应以规则式为主,也可结合周边环境采取非规则式栽植。当道路路幅较窄时,可在一侧种植或在两侧交错排列栽植。

4.1.3 行道树栽植分连接带栽植和穴状栽植。人行道宽度在4.5 m以上时,应优先采用连接带栽植;穴状栽植时,可采取地下连通的方式。

4.2 设计要求

4.2.1 行道树生长空间应符合下列要求:

 1 人行道通行宽度3 m以上,地上具备行道树生长空间的道路,应栽植行道树。

 2 道路交叉口及弯道内侧在车辆安全视距内不宜栽植行道树。

 3 行道树间距应根据不同树种的规格和习性确定,栽植株距宜为8 m～10 m;行道树与路灯及其他城市家具在间距上应相互协调、按实布置。

 4 采用穴状栽植时,树穴规格应不小于1.5 m(长)×1.25 m(宽)×1.0 m(深),行道树之间宜采用透气性铺装路面;在遇有地下管线等特殊情况时,种植土层厚度不得低于0.8 m。

5 行道树与地面公共设施的距离要求应符合现行行业标准《城市道路绿化规划与设计规范》CJJ 75 的规定,详见表 4.2.1-1。

表 4.2.1-1　行道树与地面公共设施的水平距离

名称	距主干中心不小于(cm)
电力电信杆	200
电力电信杆拉杆	150
交通指示牌、路牌车站标志	120
路旁变压器外缘、交通灯柱	300
消防龙头、邮筒	150
水准点	200

6 行道树的主干中心与各种地下管线边缘的最小水平距离应符合现行国家标准《园林绿化工程项目规范》GB 55014 的相关规定。

7 在已有架空线的道路上栽植行道树时,行道树与电力设施的距离符合表 4.2.1-2 的要求。

表 4.2.1-2　行道树与电力设施的距离

线路电压(kV)	1 000	800	500	220	110	35	10	0.4
最大弧垂时树线垂直距离(m)	14.0	13.5	7.0	4.5	4.0	4.0	3.0	3.0
最大风偏时树线净空距离(m)	14.0	13.5	7.0	4.0	3.5	3.5	3.0	1.0
树线垂直距离(m)	16.0	15	7.0	4.5	3.5	3.0	1.5	1.0
作业人员安全距离(m)	10.5	11.1	6.0	4.0	4.0	4.0	1.0	1.0
作业机具安全距离(m)	10.5	11.1	8.5	6.0	4.0	4.0	2.0	1.5

8 各道路附属设施的设计、架空线入地以及铺设其他管线、设施、设备时,均应符合现行行业标准《城市道路工程设计规范》CJJ 37 与现行上海市工程建设规范《城市道路设计规程》DGJ 08—2106 的相关规定。

4.2.2 树穴覆盖应符合下列要求：

1 覆盖物分为植被覆盖、有机覆盖物、无机覆盖物和硬质盖板四种类型，应根据树穴情况选择覆盖形式。覆盖物应透水、透气、经济、美观，宜使用生态材料的覆盖物。连接带宜采用地被、有机覆盖物进行覆盖，树穴宜采用硬质盖板进行覆盖。

2 树穴覆盖应有利于树木生长，不妨碍行人及车辆通行，能够体现道路和街区风貌特征，与城市色彩相融合，提高道路景观美景度。

3 新种苗木的树穴应用透气透水的临时覆盖物加以覆盖，防止树穴扬尘和黄土裸露。

4.2.3 中分带或侧分带宽度在 1.5 m 以上时，应以种植乔木为主；中分带或侧分带宽度在 4.5 m 以上时，宜设计成双排或多排行道树的复层结构。

4.2.4 双幅路以上的道路可根据实际情况选择 2 种～3 种行道树树种，不同树种宜平行交叉栽植，双排及以上行道树不宜同时种植常绿树。东西走向的道路宜选用落叶树种；南北走向的道路可选用常绿树种。在已有架空线的道路上栽植行道树时，应选用慢生、冠幅小的树种。

5 栽 植

5.1 栽植要求

5.1.1 土壤质量指标应符合现行上海市工程建设规范《园林绿化栽植土质量标准》DG/TJ 08—231 的规定。在步行街、人行道、停车场等硬质空间下宜使用配方土。

5.1.2 落叶树应在春季土壤解冻后至萌芽前或秋季落叶后至土壤冰冻前栽植；常绿树应在春季土壤解冻后至发芽前或秋季新梢停止生长后至降霜前栽植；伤流树种应在伤流期前新芽萌动时栽植；应避免非种植季节栽植行道树，遇特殊情况进行非季节栽植时，必须在制订针对性技术措施后方可实施。

5.1.3 栽植行道树的各工序应紧密衔接，在完成前期选苗的基础上，做到随挖、随运、随种、随灌、随清。

5.2 栽植方法

5.2.1 挖穴应符合下列要求：

1 树穴应上下口径一致，切忌呈锅底形。挖出的土壤应分别堆于穴外两侧，方向与道路平行。挖出的土壤符合现行上海市工程建设规范《园林绿化栽植土质量标准》DG/TJ 08—231 要求的，可留作种植土；不符合要求的，应及时清运，更换种植土。

2 挖穴时，遇有地下管线及构筑物应停止操作，收集管线设施相关资料。排除隐患后，方可继续施工。如地下水位偏高，应采取增设排水垫层或堆土栽植等措施。

3 空穴应设置警示标志，不得过夜。确有特殊原因须过夜的,必须采取安全措施。

4 栽植前应对树穴进行检查,发现穴壁塌落或有垃圾应进行处理。

5.2.2 栽植前应对苗木进行适当修剪。苗木修剪应符合下列要求:

1 去除受损的枝条和根系。

2 修剪应做到树冠圆整、骨架均匀。

3 对直径大于 5 cm 的切口应进行保护处理,可涂抹愈合剂。

5.2.3 树木培土应符合下列要求:

1 裸根苗栽植应将树根舒展在穴内,均匀加入细土至根被覆盖时,苗木略向上抖动,提到栽植位置,扶直后再边培土边分层夯实。

2 带土球苗栽植应在树穴内将土球放妥后,剪去包扎物,将其取出,然后从树穴边缘向土球四周培土,分层夯实,避免损伤土球。

3 有条件的道路,培土时宜采取埋设透气装置、灌溉装置等措施。

4 覆土高度应高于地表面,待土下沉后,使根颈与地面持平。

5.2.4 树穴覆盖物铺设应在苗木成活后进行,铺设时应保持土壤疏松,覆盖物的内径与树干边缘应保持 20 cm 的距离。

5.2.5 支撑与扎缚应符合下列要求:

1 单桩位置应与行道树竖在同一直线上。因地制宜使用四脚桩、地锚牵引等结构对树木进行固定;同一条道路支撑形式、材质应统一。

2 落叶树应用单柱桩支撑,栽植前先竖桩。单柱桩应全长 3.5 m,埋入地下 1.1 m,竖桩位置与主干间距为 25 cm~30 cm;单柱桩在挖好树穴后,应在盛行风向(常年主风向)的上风向(东西向道路在东侧,南北向道路在北侧)倾斜5°埋设护树桩。扎缚材料应在距护树桩顶端20 cm处呈"∞"字形扎缚3道以上加腰箍。

3 常绿树宜用扁担桩的形式支撑,必须在树栽好后再支撑。苗木栽植后,应在土球侧各打入1根垂直护树桩,桩应全长2.3 m,木桩或竹桩必须大头在下,打入土层1.2 m,桩的中心位置距土球外侧10 cm。在离地面1 m高处主干内侧架设1根水平横档,并将其与树干、护树桩绑扎牢固。

4 支撑物与行道树扎缚处应夹垫软性垫物,扎缚应整齐、牢固、紧密、安全;扎缚后树干应保持直立,铁丝端头不得外露。

5.2.6 筑堰与浇水应符合下列要求:

1 栽植后,应在树穴周围筑浇水堰,浇水堰应筑实、底平、不漏水。

2 栽植后,应及时浇透水,隔天复水。遇到干旱天气时,适时浇水,宜采取喷雾保水的措施。

3 浇水应缓浇慢渗,出现漏水、土壤下陷和树木倾斜,应及时采取培土、扶正等措施。

5.3 特殊栽植

5.3.1 大树和特大树在搬迁等特殊情况下需要栽植时,应符合下列要求:

1 大树和特大树栽植时应做到随挖、随运、随栽。

2 大树和特大树必须采用带土球栽植,土球直径应不小于地径的10倍。

3 栽植大树和特大树时,宜采用连接带的形式进行。如采用穴状栽植时,其树穴应大于土球20 cm~30 cm。

4 落叶树可根据具体情况进行抽稀或适度修剪;常绿树可采取收冠的方法进行修剪。对于长轴大于5 cm的创面,应进行保护处理。

5 大树和特大树栽植需要提前1年进行切根处理,栽植后2年内应有专人负责养护,根据天气和树木生长情况采取相应的措施,并做好养护台账。

5.3.2 非季节栽植时,在符合大树和特大树栽植要求的情况下,还应符合下列要求:

1 栽植前,除应修除枯(病)枝、受损枝、交叉枝、断枝和弱接枝外,还应修除部分树叶。

2 栽植后,应做好增湿、降温工作,如设置遮阴棚、早晚进行喷雾处理等。

6 养　护

6.1 灌　溉

6.1.1 灌溉应遵循"不干不浇，浇则浇透"的原则。当植物出现水分亏缺，茎、叶等幼嫩部分出现萎蔫现象时，应及时进行灌溉。

6.1.2 在夏季连续高温干旱期间，灌溉宜安排在早、晚进行，应增加行道树叶面喷雾或根部灌水的数量和频率；在冬季低温期间，灌溉宜安排在中午进行，冰冻天不应浇水；春季或秋季树木生长旺盛期应及时浇水。

6.1.3 新种树或立地环境较差以及需要较高湿度的树木应及时充足灌溉，宜采取叶面喷雾，雾点应细密均匀。

6.1.4 浇灌水宜采用中水、雨水或未受污染的河水，pH 值应为 6.5～8.0，盐分含量应小于 1 000 mg/L。

6.1.5 采用根灌法时，浇水软管应贴着树木主干下部进行缓流浇灌，严禁用高压水流冲刷或在树穴范围内打孔后用高压水枪向注水孔内灌水。

6.1.6 采用树体喷灌法时，应使用高射程水枪或高压喷雾器等对树冠、树干实施喷水或喷雾。

6.2 排　水

6.2.1 树穴因缺土造成积水时，应及时加土，在树穴成中间略高四周低的小土坡。

6.2.2 树穴临时积水时，应及时抽除树穴内的水分，并查明积水原因。

6.2.3 种植过深或地下水位过高而无法排除地下积水时,应抬高种植。

6.3 施 肥

6.3.1 行道树应每年施肥1次~2次。

6.3.2 肥料选择应符合现行行业标准《有机肥料》NY 525 和《有机-无机复混肥料》NY 481 的相关规定。

6.3.3 施肥方法应符合下列要求:

  1 深根施肥法:利用液压施肥机通过注射器将液肥施入树穴外圈土壤内,使用的肥料主要为有机液肥。

  2 叶面喷肥法:利用喷雾方法把肥料喷施在叶片表面,使用的肥料应为有机液肥或营养液,适用于定植后根系尚未恢复或严重缺乏营养的树木。下雨天及高温天不宜进行叶面施肥。

  3 注干施肥法:在树干上打孔(孔径应不大于1.0 cm),把配制好的营养液塑管插入即可。宜用在定植后根系尚未恢复或生长势衰弱需急抢救的树木。

  4 连接带种植的行道树宜采用撒施。

6.4 修 剪

6.4.1 修剪应符合下列规定:

  1 修剪应坚持"以促进树木长势提升、保持树冠圆整、消除安全隐患"为原则,根据树木生物学特点和道路条件,按照分类分级的要求,合理培养骨架,进行冠型管理。

  2 修剪时应处理好树冠与公共设施(交通信号灯、交通指示牌、高压电线、电缆等各类城运设施)及周边建筑之间的矛盾;为避让上述构造物而需单侧修剪或者短截时,必须兼顾整体树势均衡。

3 机动车道行道树的净空高度应在 3.6 m 以上,非机动车道、人行道行道树的净空高度宜在 2.6 m 以上。

4 修剪切口应平整光滑,无撕皮、撕裂现象,不留短桩、烂头;直径在 5 cm 以上的切口应进行防腐处理。

5 严禁对行道树进行树冠回缩性的强修剪,严禁采用"一剥到顶"的剥芽手法。

6 对无法通过人工攀爬作业的高大行道树,应采用机械登高等措施进行修剪。

6.4.2 修剪时间应符合下列规定:

1 落叶树木的修剪应在树木休眠期内进行;常绿树木的修剪应在树木春季萌芽前进行。

2 伤流树木的修剪应在生长势相对缓慢或休眠期进行。

3 剥芽应在新萌发芽条尚未木质化前进行,应在 5 月—6 月进行,且不少于 2 次。

6.4.3 行道树修剪类型共分为杯状型修剪、维护型修剪、控高型修剪、非常规修剪和剥芽。

1 杯状型修剪应符合下列规定:

  1) 萌芽力强、耐修剪的树种或所处位置立地条件较差的行道树,可采用杯状型修剪。

  2) 新种树或小树骨架培养修剪:一级骨架培养应均匀留好树干顶部 4 根~6 根与主干成 135°左右夹角的强壮枝条,最终选留 3 根~4 根一级主枝;二级骨架培养应在一级骨架每根枝顶部各预留 2 根~3 根分枝,最终选留 2 根分枝;三级以上骨架与二级骨架培养相同,每级主枝长度以 30 cm~60 cm 为宜。

  3) 中树修剪应扩大树冠。树冠上部的枝条应适当抽稀,保留中下部枝条,合理留好踏脚枝及营养枝,整体高度保持一致。

  4) 大树修剪以保持树冠形态为重点,树冠顶部的枝条应进行抽稀、短截，并控制高度；中部枝条应适当保留，修剪后呈"上疏中密下空"的形态。

2 维护型修剪应符合下列规定：
  1） 树冠形态较好的树木、慢生树、立地条件较好的大树或特大树木、无风折倒伏隐患的行道树应使用维护型修剪。
  2） 修剪时应保持树木原有树冠形态，剪除结果枝、直立枝、枯枝烂头、严重病虫枝、下垂枝、矛盾枝。
  3） 修剪时应处理好与道路交通设施、建筑的矛盾。

3 控高型修剪应符合下列规定：
  1） 生长快速、枝条脆弱、易风折倒伏、树冠上方有高压线的行道树应使用控高型修剪。
  2） 应重点修去顶端直立生长的枝条，降低树木高度。在兼顾树冠圆整的条件下，应修除过密枝、徒长枝、矛盾枝。

4 非常规修剪应符合下列规定：
  1） 防台风疏枝修剪：应以疏枝为主，不得修剪骨架枝，不得改变树木基本形态。
  2） 树木移植、抢险作业修剪：应在不影响树木成活的情况下进行，并至少保留二级以上骨架。
  3） 复壮更新修剪：应在保留骨架枝的基础上，适当采取强修剪的方法，培养更新枝条。
  4） 骨架形成期树木的修剪：应遵循"留强去弱、兼顾方向"的原则，对新种树或历经重截而萌发较多枝条的树木进行修剪。

5 剥芽应符合下列规定：
  1） 芽条去留应与修剪手法相匹配，并与冬修互相衔接。
  2） 剥芽应根据树木萌芽情况，分批剥除。悬铃木每年应剥芽2次。
  3） 采用杯状型修剪手法的树木，在剥芽时应重点剥去内向及直立芽条，适当保留外向芽条，空档处应多留芽条。

4）主干分枝点以下的芽条应全部剥除。
5）新种树应以恢复生长势为原则,适当轻剥。剥芽时应剥至芽条的基部,防止撕皮及留梗。

6.5 病虫害防治

6.5.1 病虫害防治应符合下列要求:
1 病虫害防治必须遵循生态保护优先原则,转变防治理念,推进绿色防控,落实农药减量,促进城市绿地生态系统可持续发展。
2 根据常见行道树主要病虫害名录及防治方法制订防治计划,根据计划落实防治措施,可按照本标准附录D执行。

6.5.2 病虫害监测应符合下列要求:
1 对行道树主要病虫害发生动态宜采用物候监测法进行监测。
2 可结合道路周边公园绿地内设置的昆虫测报灯对行道树病虫害的发生动态进行监测。
3 应采用定期、定点观察法对重点病虫害的发生动态进行监测,掌握其分布情况、发生时间及危害程度等。

6.5.3 病虫害防治应符合下列要求:
1 病虫害防治工作应注重源头把控,加强植物检疫和冬季防治;注重预防为主,通过前期监测掌握病虫害发生动态,及时采取针对性防控措施。
2 优先使用生态调控、生物防治、理化诱控等环境友好型防治技术;探索先进施药器械及施药技术,科学使用农药,提高防治效率。
3 药剂防治应符合下列规定:
1）农药使用应严格按照现行行业标准《农药安全使用规范总则》NY/T 1276的相关规定执行,严禁使用国家或地区已颁布禁止使用的农药,谨慎使用地区限制使用的农药品种;应选用微生物制剂、仿生制剂、植物源制剂及高效低毒的化学药剂等环境友好型药剂。

2）药剂配比、使用次数、间隔期、施药方法等应参照药剂使用说明,禁止随意加大浓度、增加用药次数等。

3）操作人员应针对不同病虫害的习性,确定正确的施药部位和施药方法;喷药应全面仔细,防止漏防;严禁逆风作业。

4）作业过程中应做好操作人员的自身防护;应注意交通和周边人群安全,做好施药作业前和施药作业期间的提示与警示。药剂包装及废弃物应统一收管、安全处置。

5）严禁使用易引起植物药害的药剂;严禁在行道树附近施用灭生性除草剂。

6.6 树穴维护

6.6.1 树穴内表面低于路面时,可用加土等方法防止积水,中心加土应高出树穴 1 cm～2 cm,边缘与路面应齐平,不应影响行人正常通行。

6.6.2 树穴内植物应及时修剪,死亡植株应及时更换,应及时去除树穴内的大型杂草、垃圾及浮土等杂物。

6.6.3 盖板破损应及时更换,盖板内圈大小应随树干增粗及时调整,应及时补充、耙平树皮、石粒等覆盖物;发现树穴周边有堆土、堆物、搭建等毁绿现象,应及时处理。

6.6.4 树穴覆盖物因树木生长或其他原因导致破损、凹凸不平、松散的,应及时维护,以确保树穴平整。

6.7 竖桩和绑扎

6.7.1 新种树、小树、经过扶正后的行道树或处于风口的行道树必须竖桩加固。

6.7.2 种植5年以上的行道树可去除护树桩,处于风口或路口的行道树除外。

6.7.3 应每年对老化损坏的护树桩、绑扎材料进行不少于2次的检查、维护、更换。

6.7.4 应定时检查竖桩和绑扎,发现吊桩、绑扎材料松散或嵌入树体等现象应及时调整,重新绑扎;松绑调整应在树木横向生长前完成。

6.8 树洞修补和创面保护

6.8.1 树洞修补和创面保护应符合下列要求:

　1　朝天洞和直径大于5 cm的树木创面必须进行修补或保护。

　2　修补或创面保护使用的填充物、保护剂等必须对人体、树体无害,有利于伤口愈合,不影响道路景观。

　3　保护剂应容易涂抹、粘着性好、受热不融化、不伤害树体组织且有防腐作用。

　4　树洞修补宜在3月上旬至6月上旬或10月下旬至11月下旬进行。

6.8.2 树洞修补应符合下列要求:

　1　开放法适于处理较浅的树木伤口。用锯锯平残桩,用刀刮净已死组织,然后用防腐药剂消毒伤口后涂上保护剂。创面大、没有深度腐烂的树洞,可视情况用保护剂处理。

　2　填充法应符合下列规定:

　　1) 挖除树洞内的腐烂物,至活体组织显现,用凿子削平伤口四周,使洞口边缘平滑呈弧形。

　　2) 用防腐消毒剂对伤口全面消毒至少2次,待前一次干后再进行下一次消毒。

3）常用填充料有碎砖块、水泥、小石子等。最外层用比例为2∶1或3∶2的水泥和纸筋石灰进行填充。填充料必须层层捣实，不得留空隙，填充物边缘不得超出形成层，防止边缘积水。洞口必须严密、平滑、不透水，表面用涂料装饰成树皮状。

6.8.3 创面保护应符合下列要求：

1 正常养护时形成的创面应及时涂抹保护剂。

2 机械或台风形成的树木创面，有残桩的用锯锯平残桩，有凹陷的用填料填平，并涂抹保护剂。

3 仅伤树皮、形成层未全受伤时，应清洗伤口并包扎保湿。

6.9 扶 正

6.9.1 对倾斜超过10°的中、小树应进行扶正。长期倾斜、树冠平衡、规格较大、不影响交通安全、无倒伏等安全隐患、扶正确有困难的行道树可不进行扶正。

6.9.2 扶正的最佳时间应符合下列规定：

1 落叶树木应在休眠期。常绿针叶树应在秋梢停止生长至翌年萌芽前，避开冰冻期；常绿阔叶树应在秋梢停止生长至霜降（10月—11月）或翌年春天转暖至萌芽前（3月—4月）。

2 扶正应避开6月—9月的高温天气；机械碰撞或旋风等外力造成的倾斜应及时扶正。

6.9.3 根据树木周边环境及树冠生长情况，在扶正前，应对将受到影响的枝条进行修剪。

6.9.4 扶正前应对树穴土壤进行松土、浇水。

6.9.5 小树木可通过人力推拉、绳索牵引进行扶正；若人力扶正有困难，应使用扶正器具。

6.9.6 利用扶正器扶正树木应符合下列规定：

1 扶正器顶部应固定在树木主干倾斜面下方适当的位置，

并用绳索等材料将其绑扎固定。

  2 扶正器具与树干接触部位应使用软性材质垫衬。

  3 固定好的扶正器必须处于倾斜树木的垂直投影面内,以保证扶正过程中不发生偏移。

  4 操纵液压杆或收紧铁葫芦将树干扶正,并适当越过竖直位置。操作时,必须注意人身安全,严禁扶正器超荷载工作。

6.9.7 树木扶正到位后,应采取打地桩、竖桩绑扎、拉铅丝、加土夯实、浇水等措施对树木进行加固处理。

6.10 补 植

6.10.1 行道树在补植前应先找出死亡原因,消除不利因素后再补植。相邻树木的树冠已密闭状态下,中间可不再补植树木。

6.10.2 补植的行道树应与原有树种保持一致,苗木应符合本标准第3.2节的规定,其中苗木胸径宜为15 cm,且不超过20 cm。

6.10.3 补植时间、方法可参考本标准第5章的规定。

6.11 复 壮

6.11.1 对于衰弱树、衰老树和受到架空线入地、有害气体影响的受损树,应根据树木的生长环境、生长状况、土壤理化指标以及根系生长状况,制定方案,选择合理的措施进行复壮。

6.11.2 应针对复壮树木的实际情况,选择合适的肥料和施肥方法进行施肥。在树穴内施基肥,土壤肥力必须达到标准要求,应符合现行上海市工程建设规范《园林绿化栽植土质量标准》DG/TJ 08—231的规定。

6.11.3 对严重盐碱化、pH值严重超标的土壤应进行换土,宜换配方土。土壤贫瘠、营养不足,应及时施肥;土壤积水严重,应查明积水原因,开沟排水,并设置观察井;土壤板结时,应在树冠垂直投影内有条件处开设 4 个～6 个深 60 cm～80 cm、直径在 5 cm～10 cm 的洞穴,埋设通气管或填充陶粒等材料。

6.12 更 新

6.12.1 当存在下列情况时,行道树应进行更新:
 1 存在安全隐患。
 2 道路或管线管廊改扩建引起道路绿带发生改变。
 3 因树种选择、立地条件、病虫害、栽植密度、树木老化等原因引起长势衰退且无法恢复。
 4 因恶劣天气导致行道树受灾损毁严重。

6.12.2 行道树更新设计应遵循下列原则:
 1 评估道路绿化现状,保护现有生长良好的树木,优先就地利用,需移植的宜就近利用。
 2 不得随意砍伐或更换其他树种。
 3 更换种植宜选择与原有树种规格相近的苗木。

6.12.3 行道树更新可采取整体更新、渐进更新或局部更新等方式,并应符合下列规定:
 1 行道树绿带和分车绿带中树木死亡或长势衰退达到 60% 以上,且不能保持道路绿化的完整性和连续性时,宜整体更新。
 2 长势自然衰退的树木,应及时更新。
 3 因自然灾害或道路改造引起树木受损比例小于 40% 时,应采取局部更新或补植的方式。
 4 因道路改扩建或立地条件改变导致树木不宜保留时,应及时进行迁移种植。
 5 因密度过大造成树势衰退的行道树应进行疏移。

7 防灾抢险

7.1 防汛防台

7.1.1 每年4月底前必须做好严密的防汛防台应急预案,准备防台物资,检修防台机械,详见本标准附录E。

7.1.2 台风来临前,应对辖区内的行道树及其附属设施进行一次详细的安全排摸;重点检查新种树、高大树木、根系较浅的及风口处的树木。根据排摸情况,采取疏枝、绑扎、加固等保护措施。

7.1.3 台风期间,应做好应急准备;发生险情,应及时赶赴现场排除。

7.1.4 台风过后,应落实相应的处理措施,视具体情况对树木进行疏枝、扶正、加固、竖桩、绑扎、加土等,调整绑扎材料的位置和松紧度,调换破损的绑扎物及护树桩。受台风影响严重的树木应加强养护管理。

7.2 防　寒

7.2.1 低温来临前,必须对易受冻害的行道树树根颈部或树干进行防寒包扎。

7.2.2 包扎材料应选用透气环保的材料,注意材料同道路周边环境的协调美观。严禁使用不透气材料。

7.2.3 包扎必须严密,做到被绑扎部位无树皮裸露,绑扎厚实不松动,扎缚牢固。

7.2.4 连续5天平均气温超过5℃时,应拆除包扎物。

7.3 防　雪

7.3.1 在预报大雪或暴雪前应进行安全排查,及时剪去病弱枝、枯枝。

7.3.2 雪后应及时组织人员进行道路沿线巡查,对积雪较为严重的树种、树冠进行除雪处理,除雪作业不得损害树体、破坏树冠。

7.3.3 宜采用吹风机等机械设备开展除雪作业。

7.3.4 对因雪折坏的树枝应及时修剪。

8 材料归档

8.1 档案内容

8.1.1 档案应包含以下内容：

1 栽植工程的设计图纸应包括平面图、立面图、剖面图、地上地下管线图以及设计说明（附植物品种名录、规格和数量）、设计概算、上级批准文件等资料。

2 栽植过程资料应包括施工中行道树栽植记录、施工记录、施工各阶段的验收资料及质量评定和工程决算资料。

3 行道树养护基础资料应包括树木编号、道路名称、树种名称、规格、来源、栽植年份、土质、架空线性质地下管线、周边建筑等。

4 新技术、新材料、新工艺应用的单项技术资料。

5 与行道树养护管理相关的各种文件。

6 行道树养护工作计划、技术方案、日常养护作业台账、巡查考核结果和总结等文字和图片资料。

8.2 档案管理

8.2.1 档案资料应落实专人负责收集，分类整理，装订成册，归档管理。

8.2.2 资料及动态数据应及时建立电子档案，建立"一路一卡一照"制度。

8.2.3 应实行动态管理和信息共用。

附录 A 常见行道树应用要求

序号	植物名称	科属	拉丁学名	形态、习性及养护要点
1	悬铃木	悬铃木科 悬铃木属	*Platanus acerifolia*	落叶大乔木,生长迅速,萌芽力极强,耐修剪。5月防治白粉病和方翅网蝽的危害,全年防治天牛危害
2	香樟	樟科 樟属	*Cinnamomum camphora*	常绿大乔木,生长较快,喜微酸性土壤,萌芽力强,寿命长。注意缺铁导致树体黄化现象
3	银杏	银杏科 银杏属	*Ginkgo biloba*	落叶大乔木,萌芽力强,深根性,寿命长。喜光,耐旱,耐寒,不耐积水,对各种土壤适应性强,用作行道树建议使用实生苗
4	榉树	榆科 榉树属	*Zelkova serrata*	落叶乔木,喜光,忌积水,不耐干瘠。秋叶变黄、橙、红色,修剪时应注意扩大树冠
5	全缘叶栾树	无患子科 栾树属	*Koelreuteria integrifolia*	落叶乔木,花期7—9月,果期8—10月,花黄色,果橙红色。喜光稍耐半荫;喜生长于石灰岩土壤,耐寒、耐旱、耐瘠薄,并能耐短期水涝。深根性,萌蘖力强;易生栾多态蚜,对幼叶危害较大,应及早防治。冬季修剪注意控制个别徒长枝,以培育完整树冠,适度短截有利开花
6	广玉兰	木兰科 木兰属	*Magnolia grandiflora*	常绿大乔木,长势较慢,树皮淡褐色或灰色,呈薄鳞片状开裂;肉质根系不耐水湿,喜微酸性微厚土壤
7	无患子	无患子科 无患子属	*Sapindus saponaria*	落叶乔木,喜光,稍耐荫;深根性,抗风力强;萌芽力弱,不耐修剪
8	鹅掌楸	木兰科 鹅掌楸属	*Liriodendron chinensis*	落叶大乔木,叶马褂形,喜光,有一定的耐寒性;喜深厚肥沃、湿润而排水良好的酸性或微酸性土壤

续表

序号	植物名称	科属	拉丁学名	形态、习性及养护要点
9	重阳木	大戟科重阳木属	*Bischofia polycarpa*	落叶乔木,树皮褐色纵裂树冠伞形状,大枝斜展,小枝无毛,三出复叶;喜光稍耐荫,喜温暖湿润的气候和深厚肥沃的砂质土壤,较耐水湿,抗风、抗有毒气体;适应能力强,生长快速,耐寒能力弱;5月防治重阳木锦斑蛾
10	梧桐	梧桐科梧桐属	*Firmiana simplex*	落叶乔木,生长快速,喜光,稍耐荫,喜温暖湿润的气体和深厚肥沃的砂质壤土;深根性,萌芽力弱;易遭受青桐木虱危害
11	七叶树	七叶树科七叶树属	*Aesculus chinensis*	落叶乔木,喜光,稍耐荫;喜温暖气候,也能耐寒;喜深厚、肥沃、湿润而排水良好的土壤;深根性,萌芽力不强,生长速度中等偏慢
12	玉兰	木兰科木兰属	*Yulania denudata*	落叶乔木,稍耐荫,颇耐寒,喜肥沃、湿润而排水良好的弱酸性土壤,生长速度较慢
13	二乔玉兰	木兰科木兰属	*Yulania × soulangeana*	落叶小乔木,喜光,耐旱,耐寒;喜中性、微酸性或微碱性的疏松肥沃的土壤以及富含腐殖质的沙质壤土;适宜种植在连接带中
14	珊瑚朴	榆科朴属	*Celtis julianae*	落叶乔木,喜阳光,稍耐荫,喜温暖气候及湿润、肥沃土壤,耐一定水湿,秋叶变黄
15	枫香	金缕梅科枫香树属	*Liquidambar formasana*	落叶乔木,树皮灰褐色,方块状剥落;小枝干后灰色,被柔毛,叶薄革质,阔卵形;喜阳,萌蘖性强,喜微酸土壤,稍耐水湿;栽植、修剪应保护其主梢顶芽不受损,保持顶端优势
16	乌桕	大戟科乌桕属	*Triadica sebifera*	落叶乔木,各部均无毛,具乳状汁液;树皮暗灰色,有纵裂纹;秋叶变红橙黄多色;喜光,喜温暖气候及深厚肥沃且水分丰富的土壤,耐寒性不强;对土壤适应性较强,较耐盐碱

续表

序号	植物名称	科属	拉丁学名	形态、习性及养护要点
17	苦楝	楝科楝属	*Melia azedarach*	落叶乔木,树皮暗褐色,纵裂,老枝紫色;喜阳,耐盐碱,对土壤要求不严,但在湿润的沃土上生长迅速
18	朴树	榆科朴属	*Celtis sinensis*	落叶乔木,高达20 m;小枝灰色,光滑;树皮灰褐色,粗糙而不开裂。枝条平展;当年生小枝密生毛;叶质较厚,阔卵形或圆形,中上部边缘有锯齿;耐半荫,喜深厚肥沃湿润的土壤
19	楸树	紫葳科梓树属	*Caatalpa bungei*	落叶乔木,喜深厚肥沃湿润的土壤,不耐干旱、忌积水,忌地下水位过高,稍耐盐碱,萌蘖性强,有蛀干性害虫
20	三角枫	槭树科槭树属	*Acer buergerianum*	落叶乔木,树皮暗灰色,片状剥落;喜光也耐荫,喜温暖湿润的气候和深厚肥沃、排水良好的土壤,较耐水湿,萌芽力强,耐修剪
21	黄连木	漆树科黄连木属	*Pistacia chinensis*	落叶乔木,树冠近圆球形;树皮薄片状剥落;偶数羽状复叶,雌雄异株,圆锥花序,花期3—4月,先叶开放;果9—11月成熟;喜光,畏严寒;耐干旱瘠薄,对土壤要求不严;深根性,主根发达,抗风力强;萌芽力强;生长较慢
22	水杉	杉科水杉属	*Metasequoia glyptostroboides*	落叶乔木,耐盐碱,耐水湿;不择土壤,适应性强;直根系,大规格苗移栽需带大泥球
23	娜塔栎	壳斗科栎属	*Quercus nuttallii*	落叶乔木,极耐水湿,抗城市污染能力强,气候适应性强,耐寒、旱,喜排水良好的沙性、酸性或微碱性土
24	心叶椴	椴树科椴树属	*Tilia cordata*	落叶乔木,树皮灰色,光滑,较耐荫,喜光,耐寒,抗烟尘

附录 B　行道树养护常用工具、材料和机械

序号	养护项目	工具	材料	机械	备注
1	补植	铁锹、手锯、吊桩工具	草绳、苗木、临时覆盖物、护树桩等	—	—
2	修剪	扶梯、手锯、高枝剪、安全帽、保险带	手套、警示线(绳)	高空作业车、油锯、单手电锯、粉碎机	告示牌
3	竖桩和绑扎	老虎钳	护树桩、铅丝、橡胶带	—	—
4	扶正	扶正器、老虎钳	麻绳、铅丝、软质垫材	—	—
5	树穴维护	铁锹	盖板等各类覆盖材料	—	—
6	施肥	铁锹、打孔机	肥料	高压注射器、叶面喷雾器、深根施肥机	—
7	灌溉和排水	扳手、铁锹、打孔机	介质土	水车、高压注射器(或喷雾器)、小型抽水机	—
8	树洞修补和创面保护	大(小)凿子、斧头、竹梯、掏子、手锯、小(尖)水泥刀、毛笔、喷药器、小桶、三轮车	钢筋、电镀铁钉、细沙水泥、石子、黄沙、砖块、纸筋石灰、油漆、防腐剂、杀虫剂、保护剂、生长激素、铁丝网	油锯、单手电锯	—
9	复壮和更新	同修剪、施肥、树洞修补和创面保护			

续表

序号	养护项目	工具	材料	机械	备注
10	病虫害防治	手枪钻、高枝剪、手剪、挖天牛刀	常用杀虫剂、常用杀菌剂	喷药车	告示牌、喊话筒、防护服、防护镜
11	档案管理	起钉器、打孔器、裁纸刀、电脑	档案盒、档案架、装订夹(线)	—	—

附录 C 行道树养护月历表

项目		冬季 1月 大寒	2月 立春 雨水	春季 3月 惊蛰 春分	4月 清明 谷雨	5月 立夏 小满	6月 芒种 夏至	夏季 7月 小暑 大暑	8月 立秋 处暑	9月 白露 秋分	秋季 10月 寒露 霜降	11月 立冬 小雪	冬季 12月 大雪 冬至
一 修剪	落叶树												
	常绿树												
二 补植	落叶树												
	常绿树												
三 扶正,竖桩和绑扎	落叶树												
	针叶常绿												
	阔叶常绿												
四 树洞修补和创面保护													
五 剥芽													
六 灌溉													
七 防汛防台													
八 施肥	基肥												
	追肥												
九 材料归档													

注:"——"为应作业时间段;"……"为可作业时间段。

附录D 常见行道树主要病虫害名录及防治方法

编号	树种	病虫害种类	时间及防治措施（1月～12月，每月分上/中/下旬）
1	悬铃木	白粉病	1月、2月上中下●●●；11月上中下●●●；12月上中下●●●
1	悬铃木	方翅网蝽	1月、2月●●●；5月★★★★★；6月★★★★★；7月☆☆☆；11月●●●；12月●●●
1	悬铃木	星天牛	6月★★★★；7月☆☆☆；8月☆☆☆
1	悬铃木	刺蛾类	1月、2月●●●●●●；10月○○○○○○；11月●●●●●●；12月●●●●●●
2	香樟	煤污病	4月★★★★★★；5月★★★★★★；6月★★★★★★
2	香樟	樟颈曼盲蝽	4月★★★★；5月★★★★★；6月☆☆☆☆☆；7月☆☆☆
2	香樟	樟巢螟	5月★★★★★；6月★★★★★；7月☆☆☆☆☆；8月☆☆☆☆☆☆
3	广玉兰	煤污病	5月★★★★；6月★★★★★；7月☆☆☆☆；8月☆☆☆☆
4	朴树	朴树棉蚜	3月★★★★；4月★★★★★；5月★★★★★；6月☆☆☆☆；7月☆☆☆
5	银杏	超小卷蛾	4月★★★★；5月★★★★★；6月★★★★★；7月☆☆☆☆；8月☆☆☆
6	栾树	栾多态毛蚜	3月★★★★；4月★★★★★；5月★★★★★
7	樟树	樟树蚜虫	3月★★★★；4月★★★★★；5月★★★★★；6月☆☆☆☆
8	无患子	无患子长斑蚜	4月★★★★；5月★★★★★；6月★★★★★；7月☆☆☆☆
9	青桐	青桐木虱	6月☆☆☆；7月☆☆☆；8月☆☆☆
10	水杉	叶螨	6月☆☆☆；7月☆☆☆；8月☆☆☆；9月☆☆☆
11	重阳木	重阳木锦斑蛾	1月、2月●●●●●●；11月●●●●●●；12月●●●●●●

注：" ● "代表病虫害冬季防治期，常用冬季防治期，是防治的关键时期，常用防治方法包括修剪病虫枝，清理病残体，刮除翘裂树皮，消灭虫卵及茧虫蛹等；" ☆ "代表病虫害发生中期，为朴无防治期；" ○ "代表病虫害二次危害高峰期，为秋季防治时期。病虫害发生初期药剂防治，生物防治、灯光诱杀，科学用药等；" ★ "代表病虫害发生初期，为害发生中期，为朴无防治；悬铃木白粉病药剂防治可选用腈菌唑等三唑类杀菌剂；蚜虫、粉虱、网蜢等刺吸性害虫药剂防治可选用吡虫啉等内吸性杀虫剂；螨类害虫药剂防治可选用阿维菌素等杀虫杀螨剂；刺蛾、蓑蛾、斑蛾等鳞翅目食叶性害虫药剂防治可选用灭幼脲，烟参碱等生物制剂；天牛、象甲、金龟子等鞘翅目害虫成虫药剂防治可选用高效氯氰菊酯等触杀性杀虫剂。

附录E 防汛防台物资储备表

序号	分类	储备物资名称	数量	备注
1	人员装备	工作服(反光衣)	10套	
2		安全帽	10个	
3		工作鞋	10双	
4		雨衣	10件	
5		安全带	10件	
6		手套	20双	
7	抢险车辆	应急抢险车辆	1辆	
8		抢险人员车辆	1辆(10人座)	
9	工具	油锯	2把	此物资表为1个应急班组(10人)的物资储备量
10		单手电锯	5把	
11		手锯	10把	
12		修枝剪	10把	
13		高枝油锯	1把	
14		钢丝钳、老虎钳	2把	
15		铁锹	4把	
16		羊镐	2把	
17		撬棒	2根	
18		绝缘棒	1套	
19		绝缘手套	1套	
20		绝缘胶鞋	1套	
21		竹梯	5把	
22		扶正器	2套	
23		应急照明灯具(手电筒)	2套	

续表

序号	分类	储备物资名称	数量	备注
24	工具	对讲机	4部	此物资表为1个应急班组(10人)的物资储备量
25		急救医药箱	1个	
26		警示牌	2副	
27	抢险材料	乔木扶正牵拉绳	2捆	
28		草包	100个	
29		草绳	5卷	
30		$16^{\#}$、$8^{\#}$铁丝	成卷各两卷	
31		护树桩	10根	
32		地桩	10把	
33		橡皮带	20套	
34		三角带	2套	

本标准用词说明

1 为便于在执行本标准条文时区别对待，对要求严格程度不同的用词说明如下：
  1）表示很严格，非这样做不可的用词：
    正面词采用"必须"；
    反面词采用"严禁"。
  2）表示严格，在正常情况均应这样做的用词：
    正面词采用"应"；
    反面词采用"不应"或"不得"。
  3）对表示允许稍有选择，在条件许可时首先应这样做的用词：
    正面词采用"宜"；
    反面词采用"不宜"。
  4）表示有选择，在一定条件下可以这样做的用词，采用"可"。

2 条文中指明应按其他有关标准执行的写法为"应按……执行"或"应符合……的规定"。

引用标准目录

1 《园林绿化工程项目规范》GB 55014
2 《城市道路工程设计规范》CJJ 37
3 《城市道路绿化规划与设计规范》CJJ 75
4 《有机-无机复混肥料》NY 481
5 《有机肥料》NY 525
6 《农药安全使用规范总则》NY/T 1276
7 《园林绿化栽植土质量标准》DG/TJ 08—231
8 《文明施工标准》DG/TJ 08—2102
9 《城市道路设计规程》DG/TJ 08—2106

上海市工程建设规范

行道树栽植与养护技术标准

DG/TJ 08—2105—2022
J 16525—2022

条文说明

2023 上海

目 次

1 总 则 …………………………………………………… 45
2 术 语 …………………………………………………… 46
3 基本规定 ………………………………………………… 47
  3.1 树种选择 …………………………………………… 47
  3.2 苗木质量 …………………………………………… 47
  3.3 作业要求 …………………………………………… 48
  3.4 管理要求 …………………………………………… 49
4 栽植设计 ………………………………………………… 50
  4.1 设计原则 …………………………………………… 50
  4.2 设计要求 …………………………………………… 51
5 栽 植 …………………………………………………… 53
  5.1 栽植要求 …………………………………………… 53
  5.2 栽植方法 …………………………………………… 53
  5.3 特殊栽植 …………………………………………… 55
6 养 护 …………………………………………………… 56
  6.1 灌 溉 ……………………………………………… 56
  6.2 排 水 ……………………………………………… 56
  6.3 施 肥 ……………………………………………… 56
  6.4 修 剪 ……………………………………………… 56
  6.5 病虫害防治 ………………………………………… 59
  6.6 树穴维护 …………………………………………… 60
  6.7 竖桩和绑扎 ………………………………………… 60

6.8 树洞修补和创面保护 ·················· 60
   6.9 扶　正 ································ 61
   6.10 补　植 ······························· 61
   6.11 复　壮 ······························· 61
7 防灾抢险 ································· 62
   7.3 防　雪 ································ 62

Contents

1 General provisions ·· 45
2 Terms ··· 46
3 Basic requirments ·· 47
   3.1 Requirements for tree species ······························· 47
   3.2 Seedling quality ·· 47
   3.3 Requirements of operation ·································· 48
   3.4 Requirements of management ······························ 49
4 Transplanting design ··· 50
   4.1 Design principles ··· 50
   4.2 Design requirements ··· 51
5 Transplanting ·· 53
   5.1 Transplanting requirements ································· 53
   5.2 Transplanting method ·· 53
   5.3 Special transplanting ·· 55
6 Maintenance ·· 56
   6.1 Watering ··· 56
   6.2 Draining ··· 56
   6.3 Fertilizing ·· 56
   6.4 Pruning ·· 56
   6.5 Pest prevention and controlling ··························· 59
   6.6 Planting cave ··· 60
   6.7 Staking and banding ·· 60

   6.8　Tree hole amending and protection ················· 60

   6.9　Erecting ··· 61

   6.10　Supplemental planting ······························ 61

   6.11　Rejuvenation ··· 61

7　Disaster prevention and rescuing ·························· 62

   7.3　Preventing snow calamity ···························· 62

1 总　则

1.0.1 本条规定了制定本标准的目的、意义。
1.0.2 本条规定了本标准的适用范围。

2 术 语

术语是对本标准涉及的主要用词给予统一规定,以利于对本标准内容的正确理解和使用。原《行道树养护技术规程》有25个术语,《行道树栽植技术规程》有5个术语,修订后改为18个术语,对原标准中地桩、病虫枝、骨架枝、重叠枝、交叉枝、矛盾枝、装饰枝、盖板、施肥、基肥、追肥等通俗易懂的术语进行了精简,新增了配方土、连接带的定义。

2.0.1 本条中的道路包含人行道、机非隔离带、中央隔离带等。

2.0.14,2.0.15 净空高度和分枝点高如图1所示。

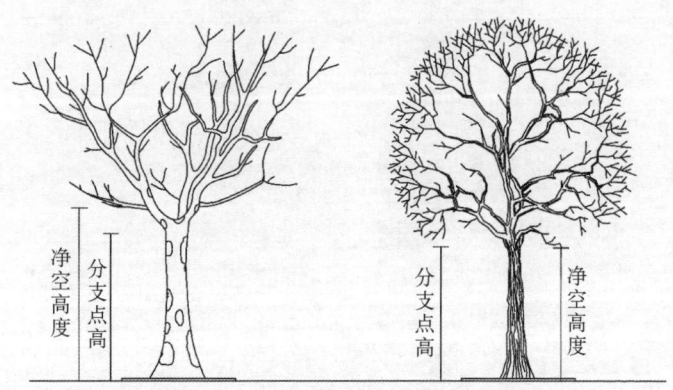

图1 净空高度和分枝点高示意

3 基本规定

3.1 树种选择

3.1.1 行道树树种是影响道路景观的关键因素,行道树树种应因地制宜、适地适树。

3.2 苗木质量

3.2.2~3.2.4 行道树苗木直接影响着整体道路景观,故对苗木胸径、规格、带土球苗木根系直径和裸根苗木根系直径、冠型作了规定(图2、图3)。

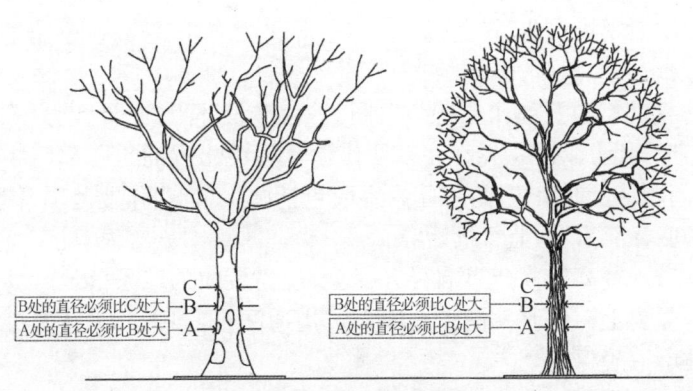

图2 苗木树干质量要点示意

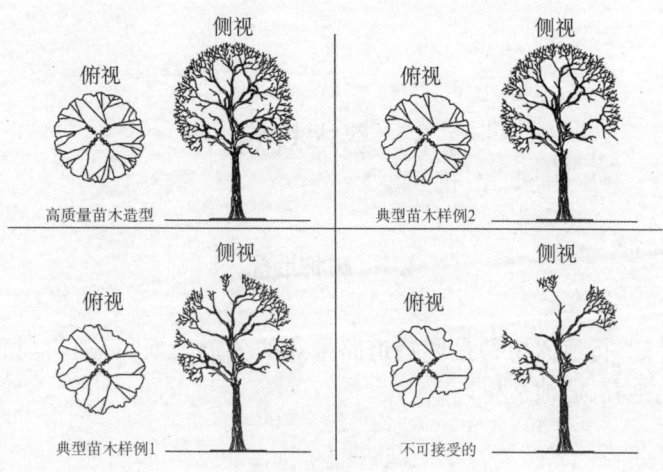

图3 苗木树冠质量要点示意

3.3 作业要求

3.3.3 现场作业,安全第一。本条对文明作业、登高作业作了详细规定。

1 集中登高作业持续时间长,会涉及环卫、交警、电力等部门,应提前知会相关部门,以便作业过程中出现的与各部门相关的问题能及时解决;告示牌内容应包括施工单位、作业范围、作业时间、注意事项、监督电话等。

2 登高作业会影响行人安全,规格较大的枝条落地时易伤人,需要上树作业人员和地面人员沟通配合,根据具体情况分段截断,以确保安全。

3 根据《上海市扬尘污染防治管理办法》,栽植行道树时扬尘控制应符合以下要求:所挖树穴在 48 h 内不能栽植的,树穴和栽种土应当采取覆盖等扬尘污染防治措施。行道树栽植后,应当在当天完成余土及其他物料清运,不能完成清运的,应当进行遮盖。

3.4 管理要求

3.4.1～3.4.3 为保证行道树日常养护的规范、有序,提高日常养护质量,规定了行道树日常养护中养护计划、技术方案、日常巡查及考核管理要求。

3.4.5 抢险时效性特别强,接到险情必须在最短的时间内到达现场进行抢险处置;绿化抢险涉及其他行业,必须及时通报相关行业进行抢险处置,确保处置安全、专业。

4 栽植设计

4.1 设计原则

4.1.2 城市东西向街道南北侧树木接受的光照不均,南北向的街道两侧树木接受的光照水平基本相当。

4.1.3 连接带形式如图4所示。

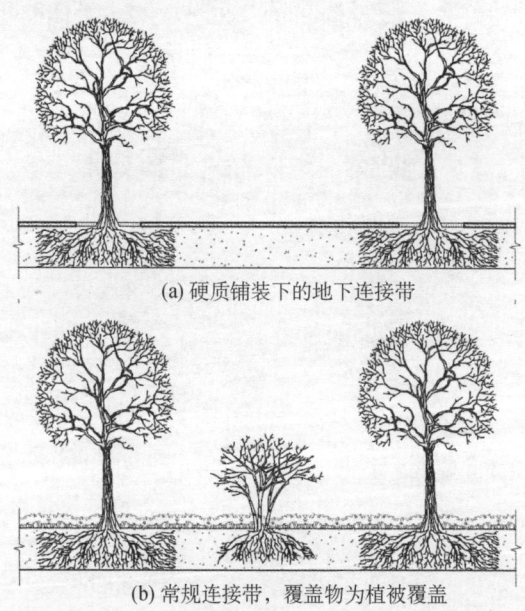

(a) 硬质铺装下的地下连接带

(b) 常规连接带,覆盖物为植被覆盖

图4 连接带形式

4.2 设计要求

4.2.1 行道树生长空间应符合下列要求:

1 当人行道宽度小于 3 m 时,对市民通行、周边居民采光、与公共设施之间的矛盾等会产生较大的影响,并且行道树地上生长空间受限,不宜栽植行道树。

2 城市道路视距三角形(图 5)边长为城市道路一般限制车速的安全停车视距,建议道路路口 6 m 内不宜栽植行道树。

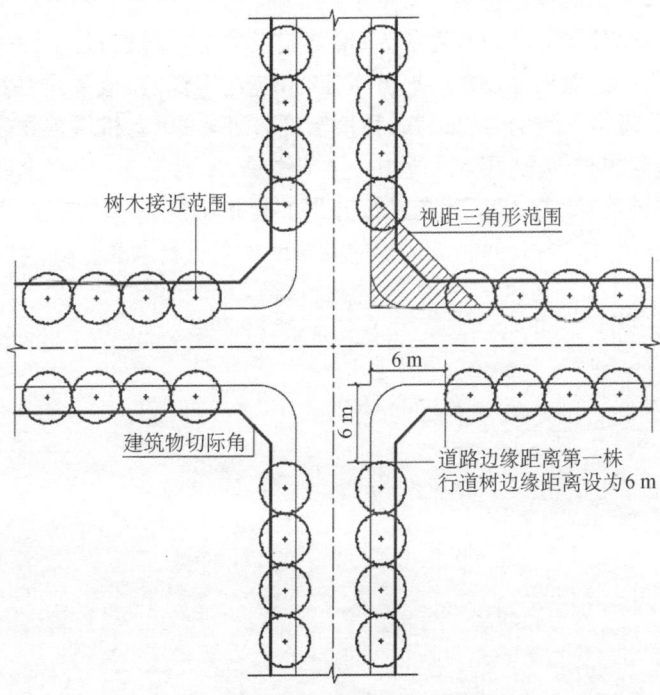

图 5 道路路口处视距三角形区域示意

4 树穴大小影响树木栽植的质量和生长好坏,树穴规格越大越好,具体以容纳植株的全部根系为标准。纵向应避免栽植过浅,横向上以避免窝根为宜。

  6 行道树的主干中心与各种地下管线的最小水平距离在现行国家标准《园林绿化工程项目规范》GB 55014 中已有相关规定。当通信管道、给水管道、雨水管道、污水管道、架设电杆、设置消防设施等外缘与行道树树干外缘的水平距离小于 1.5 m 时,不宜栽植行道树。

  8 应合理规划行道树与周边公共设施的距离,为树木生长留出空间。

4.2.2 无机覆盖物类型有瓜子片、陶粒等;有机覆盖物类型有树皮等;地被覆盖类型有麦冬等;硬质盖板类型有弹格石、生态透水盖板、铸铁盖板等。采用地被覆盖时,应选用低矮、根系浅、耐旱、耐荫、规格一致的常绿植物,种植密度合理;采用有机覆盖物或无机覆盖物时,应选用粒径适中、便于维护、不易散失、无安全隐患的材料,边缘与人行道或盖板齐平。行道树树穴垫层应选用透水、透气、压碎指标高、无风尘的砂石或再生骨料颗粒材料。

5 栽 植

5.1 栽植要求

5.1.2 从气候情况来看,落叶树在11月—次年4月进行栽植,避开冰冻天气;常绿树在3月—4月或10月—11月进行栽植。

5.1.3 行道树栽植的工序可概括为五个"随",即随即挖苗、随即运输、随即种植、随即灌溉、随即工完场清。

5.2 栽植方法

5.2.1 挖穴应符合下列要求:

2 应与市政等部门沟通,树穴之间地下部分加种土壤沟,地上部分行道树基础和地坪采用透水透气材料。

5.2.2 栽植前应通过修剪减少树木水分的蒸发与流失,有利于新根的形成和树势的恢复。修剪后应及时对伤口进行处理,防止伤口开裂或病虫害侵染。

5.2.3 树木培土应符合下列要求:

2 栽植时应防止窝根,并应使根与土壤密接。去除包扎物有利于根系的伸展,防止草绳腐烂发热而烧伤根系。

5.2.4 树穴覆盖采用硬质盖板时,铺设应根据树干的大小和位置进行组合拼装,表面平整顺直,拼装接缝不得大于1 cm,缝口处采用细砂扫平嵌牢,外围与人行道板结合应紧密。盖板下的填充物及内圈的覆盖物不得引起扬尘及存在安全隐患。

5.2.5 本条主要对支撑与扎缚作出具体要求。

1 护树桩是行道树设施的重要组成部分,不得因任何原因而随意缩短护树桩长度和竖桩位置;树穴内有管线等设施无法竖立单桩时,可采用四脚桩替代。无行人通过的隔离带内的行道树,可采用四脚桩、地锚牵引等结构进行固定。

2 盛行风向是指常年主风向,东西向道路的上风向在东侧,南北向道路的上风向在北侧。单桩支撑如图6所示。

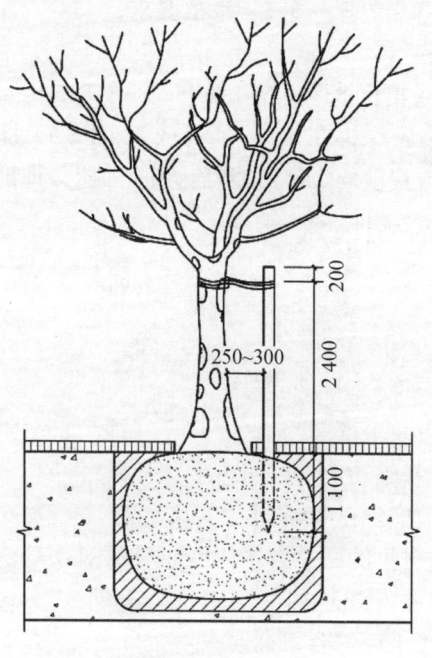

图6 单桩支撑(cm)

3 常绿树种应带土球种植,为保证土球完整,建议使用扁担桩,如图7所示。

4 出现树干下沉、吊桩等应及时调整扎缚高度和松紧度,与树干保持水平和直立;绑扎材料要求强度大、韧性足、不易老化。

5.2.6 土堰内边应略大于树穴,筑堰应用细土筑实,不得漏水。新植树木栽后4 h内浇第一遍水,2 d内浇第二遍水,5 d内浇第

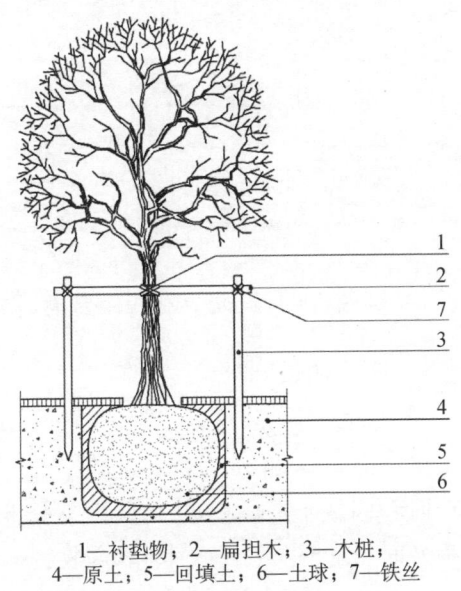

1—衬垫物；2—扁担木；3—木桩；
4—原土；5—回填土；6—土球；7—铁丝

图7 扁担桩支撑

三遍水。浇水水量要大,应浇透,浇水水质应符合园林植物浇灌用水水质标准。

5.3 特殊栽植

5.3.1 特殊栽植为了保持树势相对平衡,树木栽植前应进行强修剪,但有些树种因疏剪或短截影响树形恢复与观赏,则宜通过减少修剪量、增加摘叶量来保持树势平衡。

6 养 护

6.1 灌 溉

6.1.1 节能减排,有条件的,应充分利用不含有害物质的雨水、河水及中水。

6.2 排 水

6.2.1 树穴(地面)因缺土造成积水,树穴内有盖板或其他覆盖物的,加土后应及时恢复树穴盖板或其他覆盖物。

6.3 施 肥

6.3.1 行道树立地条件差,应每年施肥,确保树木长势良好。
6.3.2 应避免长期单一使用无机肥料而造成土壤酸化、碱化或板结;宜施用有机肥,以增加土壤有机质含量,改善土壤的理化性质和生物活性。
6.3.3 施肥方法应符合下列要求:
   1 液压施肥可缓解行道树树穴内土壤紧实、盖板覆盖等条件的限制。

6.4 修 剪

6.4.1 本章节中的修剪特指行道树的冬季修剪。本条主要对行道树修剪目的、修剪手法、修剪切口的处理、修剪垃圾的循环利用、制订不同树种的修剪计划、高大悬铃木修剪的机械化操作等内容作出规定。

1 重点强调行道树修剪、剥芽的目的,要求通过合理的修剪手法促进树势均衡,培养绿量,严禁强修、重修。

2 重点对行道树与公共设施的安全距离作出规定。

4 主要强调修剪切口的处理。

6.4.3 本条对行道树的修剪方法作出规定。其中分为杯状型修剪、维护型修剪、控高型修剪、非常规修剪和剥芽五个分项。

1 杯状型修剪在满足道路遮阴需求的同时,能较好地处理行道树与道路环境的矛盾,是悬铃木普遍采用的修剪手法,详见图8。对于规范的留枝方向、短截类型如图9~图11所示。

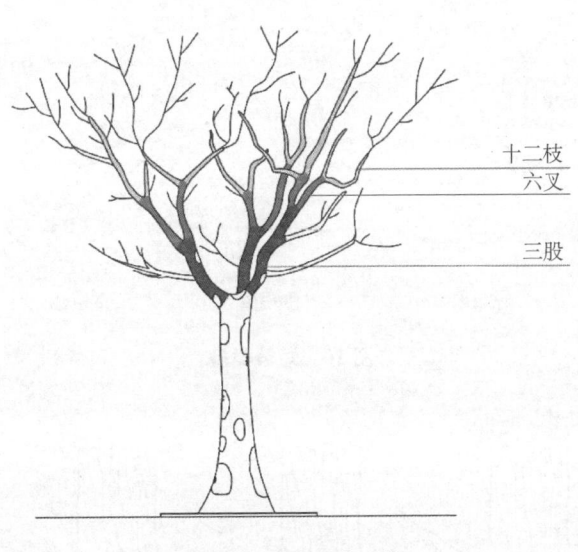

图8 三股六叉十二枝

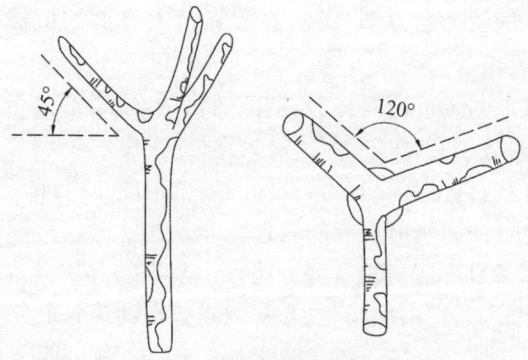

图9 规范的留枝方向

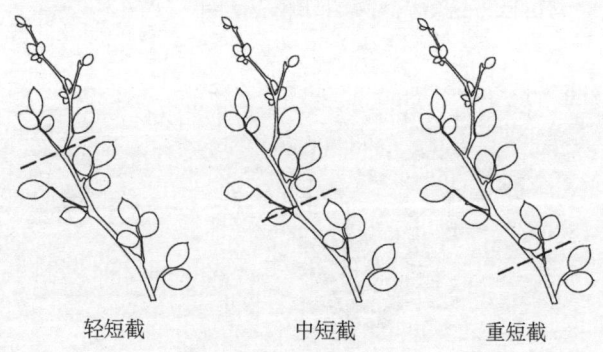

轻短截　　　　中短截　　　　重短截

图10 短截类型

正确

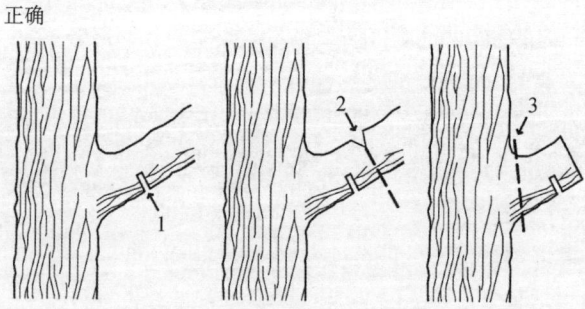

图11 "三锯法"示意图

5 剥芽属特殊类型的修剪,芽条去留原则参照常规修剪手法。因其提前干预枝条生长,能有效减少修剪量,是常规修剪的必要补充。

6.5 病虫害防治

6.5.1 本条对行道树病虫害防治策略和防治计划作出要求。
6.5.2 本条对行道树病虫害防治的监测方法作出要求。
  1 物候监测法即根据植物物候开展病虫害监测,通过植物发芽、展叶、生长、落叶等物候现象预测病虫害的发生时间。
  2 昆虫测报灯的监测时间为每年 4 月—10 月。
  3 行道树重点病虫害需进行动态监测,监测频率一般为 7 天/次~10 天/次。
6.5.3 本条对行道树病虫害防治方法作出要求。
  1 加强病虫害源头管控,涉及苗木调运时必须严格执行植物检疫程序,严禁使用携带检疫性和危险性有害生物的苗木。注重冬季防治,减少病虫害发生源头,常用冬季防治方法包括利用草绳、粘虫胶带、防虫网等物理材料诱集害虫越冬或阻隔害虫上下树;清理病残体、刮除翘裂树皮,破坏病虫害越冬场所,降低越冬病虫基数等。预防为主,防治结合,注重前期监测,通过监测预警提前做好防治准备,避免病虫害暴发危害。
  2 优先使用生态调控、生物防治、理化诱控等环境友好型防治技术。常用生态调控方法包括:合理修剪,保持植株良好的通风透光性;人工祛除病虫枝,捕捉天牛幼虫;加强水肥管理,改善土壤环境,提升行道树生长势,增强对病虫害的抵抗力。常用生物防治方法包括:保护和利用天敌昆虫资源,加强优势天敌的保护、引迁、推广和应用;推广使用细菌、真菌、病毒等微生物制剂和仿生类制剂;充分保护和利用鸟类等有益动物。常用理化诱控方法包括:利用行道树或周边绿地内的杀虫灯、性诱剂、粘虫板等理化诱控材料诱杀害虫。科学使用农药,通过改进施药器械和施药方法,提高药剂利用率,减少药剂污染与浪费。

3 药剂防治应符合现行上海市工程建设规范《绿化植物保护技术规程》DG/TJ 08—25 的相关规定,严禁使用禁用农药,倡导使用生物农药;药剂使用方法应参照说明书,不得随意更改;药剂防治时作业人员应做好自身防护,规范作业,保障人身安全。使用农药时应注意避免产生药害,避免药剂对蜜蜂、鸟类、鱼类等其他动物产生危害。

6.6 树穴维护

6.6.2 允许树穴内有不影响景观的小型杂草。

6.7 竖桩和绑扎

6.7.2 去除护树桩不仅要考虑树木规格,还应综合分析树木所处位置、种植时间、生长情况等因素。

6.7.3 绑扎材料要求强度大、韧性足、不易老化。

6.8 树洞修补和创面保护

6.8.1 对材料要求:应用效果好,能体现环保理念,如生桐油等保护剂。

6.8.2 本条规定了树洞修补时间宜在树木横向生长前进行,避开冷冻天是为了避免水泥开裂。

  2 填充法应符合下列规定:
     3)较大的树洞里面必须用钢筋做好支架再填料;中等大小的树洞用电镀铁钉钉入活体组织再填料;较小的树洞可直接用填料填充。

6.9 扶 正

6.9.1 本条较原有条款增加了"树冠平衡"无需扶正的情况。

6.9.3 长期倾斜的树木,枝条生长方向会发生改变,为避免树木扶正后树冠偏斜而与周边建筑设施等发生矛盾,应视情况通过修剪加以扶正。

6.9.4 为避免伤及树根,应先对树穴土壤进行浇水,然后进行扶正作业。

6.9.6 应按时对铁葫芦或液压部件进行日常维护保养,严禁带故障作业、超负荷作业。固定扶正器时务必确认各个部件是否绑缚牢固,避免伤及树体、发生意外。

6.10 补 植

6.10.1 为了防止树木死亡等类似问题的再次发生,必须进行原因分析。

6.11 复 壮

6.11.1 本条较原有条款增加了"对于衰弱树、衰老树和受到架空线入地、有害气体影响的受损树",阐明了受损树的类型情况。

7 防灾抢险

7.3 防 雪

7.3.3 除雪作业应在雪后及时进行,防止在雪融化复冻后进行,以免将冻住的树叶、小枝敲落,影响树形。